9. Juli 2003

Kaya Geißendörfer

zur Taufe

Tiere in unseren Feldern und Wiesen

Bibliografische Information Der Deutschen Bibliothek

Die Deutsche Bibliothek verzeichnet diese Publikation in der
Deutschen Nationalbibliografie; detaillierte bibliografische Daten
sind im Internet über http://dnb.ddb.de abrufbar.

1. Auflage 2003

© 2002 Firecrest Books Ltd, London, and John Francis/Bernard Thornton Artists
Titel der Originalausgabe: The Secret Life of Farmland and Field Animals
© 2003 für die deutsche Ausgabe: arsEdition GmbH, München

Alle Rechte vorbehalten
Redaktion der Originalausgabe: Peter Sackett, Norman Barrett
Gestaltung: Paul Richards, Designers & Partners

Aus dem Englischen von Anne Emmert
Redaktion: Heike John
Textlektorat: Ulrike Hauswaldt
Umschlaggestaltung: Alberto Salamanca
Produktion: Detlef Schuller

ISBN 3-7607-4776-0

www.arsedition.de

Tiere in unseren Feldern und Wiesen

Text von Bernard Stonehouse

Illustrationen von John Francis

arsEdition

In der gleichen Reihe erschienen:

ISBN 3-7607-4754-X   ISBN 3-7607-4755-8   ISBN 3-7607-4777-9

Inhalt

Felder und Wiesen

Viele unserer Wildtiere leben nicht im Wald oder anderen ursprünglichen Landschaften, sondern in der Nähe des Menschen. In der Umgebung von Bauernhöfen, auf Feldern und Wiesen finden viele wilde Vögel und Säugetiere gute Lebensbedingungen. Diese Lebensräume sind erst entstanden, als die Menschen sesshaft wurden und Ackerbau und Viehzucht trieben.

Die ersten Menschen zogen als Jäger und Sammler umher. Sie töteten wilde Tiere und aßen ihr Fleisch. Außerdem sammelten sie Früchte, Samen und Wurzeln. Nach und nach lernten sie, Schafe, Ziegen, Schweine, Rinder und andere Tiere zu halten. Sie wurden sesshaft, rodeten Wälder und bauten Getreide und Gemüse an. Das waren die ersten Bauern.

Auch heute gehören zu den Bauernhöfen Wiesen, Weiden, auf denen das Vieh grast, und Felder für den Anbau von Weizen, Roggen, Gerste, Kartoffeln, Zuckerrüben, Obst und anderem mehr. Sind die Felder mit Steinwällen, Hecken, Wäldchen oder Baumgruppen voneinander abgegrenzt, finden hier viele kleine Tiere Schatten und Unterschlupf. Früher hatten diese Tiere sehr gute Lebensbedingungen: Die Felder waren klein und von großen Waldgebieten umgeben. Heute machen es die größeren Felder und die intensive Landwirtschaft den Wildtieren schwerer. Doch viele Bauern lassen für sie in paar Fleckchen unbewirtschaftet. Sie sorgen sich um die freie Natur ebenso wie um ihre eigenen Tiere.

Der Dachs

Der Dachs lebt am liebsten am Waldrand. Im Schutz der Bäume legt er seinen Bau an, auf Wiesen und Feldern kann er leicht umherstreifen und nach Nahrung suchen. Tagsüber schläft der Dachs in seinem unterirdischen Bau, doch am Abend kommt er heraus. In den Feldern am Waldrand trifft man ihn dann häufig an. Mit seinen kurzen, kräftigen Beinen, auf denen der plumpe Körper mit dem schmalen Kopf sitzt, schiebt er sich durchs Gestrüpp. Dabei grunzt und schnüffelt er wie ein Schwein. Seine Nacht für Nacht gleichen Pfade führen ihn durchs hohe Wiesengras. Er hält sich immer in der Nähe der schützenden Hecken. Jahrhundertelang wurde der Dachs wegen seines Fells gejagt. Auch heute noch ist der Mensch sein schlimmster Feind: Weil viele Bauern Insektengift einsetzen, wird auch der Dachs häufig vergiftet. Wenn er zu viele vergiftete Beutetiere frisst, muss er sterben.

▲ 1. Der Dachs hat die Nase immer dicht am Boden. Sein ausgezeichneter Geruchssinn hilft ihm bei der Jagd. Er frisst lebende und tote Tiere, aber auch Wurzeln, Pilze, Beeren, Äpfel und andere Früchte. In den Feuchtwiesen gräbt er mit seinen kräftigen Klauen Regenwürmer aus.

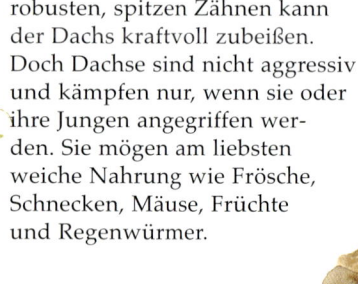

▼ 3. Mit seinen langen, muskelbepackten Kiefern und den robusten, spitzen Zähnen kann der Dachs kraftvoll zubeißen. Doch Dachse sind nicht aggressiv und kämpfen nur, wenn sie oder ihre Jungen angegriffen werden. Sie mögen am liebsten weiche Nahrung wie Frösche, Schnecken, Mäuse, Früchte und Regenwürmer.

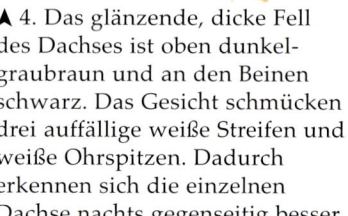

▲ 4. Das glänzende, dicke Fell des Dachses ist oben dunkelgraubraun und an den Beinen schwarz. Das Gesicht schmücken drei auffällige weiße Streifen und weiße Ohrspitzen. Dadurch erkennen sich die einzelnen Dachse nachts gegenseitig besser.

▲ 2. An den kurzen Füßen hat der Dachs fünf gebogene Grabekrallen. Wenn er seinen Bau anlegt – mit zahlreichen Gängen, Nesthöhlen und mehreren Ausgängen –, schaufelt er mit den Vorder- und Hinterbeinen tonnenweise Erde.

➤ 5. In einem Dachsbau leben mehrere Familien. Dachse paaren sich im Sommer. Im Februar des darauf folgenden Jahres kommen dann zwei bis fünf Junge zur Welt, die gegen Ende April den Bau zum ersten Mal verlassen. Die Mutter bringt den Jungen das Jagen bei. Ein Dachs kann bis zu 18 Jahre alt werden.

Die Dohle

Die schwarze Dohle hat einen grauen Nacken und blassgraue Augen. Die in Europa und Asien weit verbreiteten Dohlen sind die kleinsten Rabenvögel Europas. Dohlen sieht man selten allein. Sie leben in der Gemeinschaft, fliegen in Schwärmen, suchen in großen Gruppen nach Nahrung und bauen ihre Nester nah beieinander. In ursprünglichen Landschaften nisten sie an Klippen, in Felsspalten und Baumhöhlen. In Kulturlandschaften lassen sie sich auch in Scheunen, Kirchtürmen und Ruinen nieder. Beim Pflügen sehen die Bauern sie gern, denn sie picken Schädlingslarven und Insekten aus der umgepflügten Erde. Weniger erfreulich für die Bauern ist es, wenn die Dohlen auf dem Schornstein nisten und im Garten Kirschen und andere reife Früchte stibitzen. Dohlen gewöhnen sich schnell an den Menschen und seine Nutztiere.

Links sieht man zwei Vögel, die eine gute Quelle für weiches Nistmaterial gefunden haben.

➤ 1. Dohlen fressen Insekten, Früchte, Samen und Aas (tote Tiere). In der Brutzeit packen sie sich Nahrung in eine Tasche unterhalb der Kehle und bringen sie dem brütenden Partner oder den Küken.

➤ 3. Dohlen beobachten aufmerksam ihre Umgebung. Wenn ein anderer Vogel sein Nest kurz verlässt, fliegen sie dorthin und fressen die Eier. Aus dem Garten tragen sie manchmal glänzende Gegenstände wie Schrauben oder Löffel in ihr Nest.

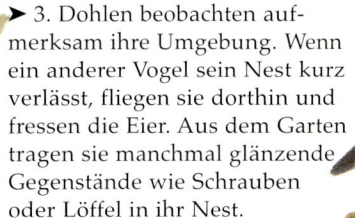

▲ 2. Dohlen fühlen sich von leuchtenden Farben angezogen; besonders gern fressen sie reife Wildkirschen und andere rote Früchte und Beeren. In Obstplantagen können Dohlen die Ernte vollständig zerstören, denn was sie nicht fressen, picken sie zumindest an.

▲ 4. Im Frühjahr schichten die Dohlen Äste und Zweige zu einem Nest auf. Ein Schornstein eignet sich gut als Unterlage, vorausgesetzt, er ist so eng, dass sie ihn zubauen können, und niemand zündet darunter ein Feuer an.

▼ 5. Dieses Nest neben der Dachgaube besteht aus Zweigen und ist mit Schafwolle ausgepolstert. Während der 18 Tage währenden Brutzeit werden die Weibchen von den Männchen versorgt. Beide Eltern füttern die Küken, die nach vier bis fünf Wochen flügge werden.

Die Erdmaus

Dieses kleine Tier mit den Knopfaugen ist Deine Erdmaus. Sie lebt auf feuchten Wiesen und Weiden, auf denen verschiedene Gräser und Kräuter wachsen. Wenn man ein oder zwei Erdmäuse sieht, kann man sicher sein, dass es in Quiekweite noch ein paar Dutzend mehr davon gibt. Erdmäuse vermehren sich schnell, wenn die Nahrung reichlich und der Boden dicht bewachsen ist. In der Abendstille hört man sie recht laut quieken. Sie buddeln sich selten in den Boden hinein, sondern bauen sich ihre Nester und Wege meist oberirdisch zwischen den Grashalmen. Im dichten Bewuchs verwandeln sich diese Pfade in Tunnels. Gras, Heidekraut und Farn schützen die Erdmäuse vor ihren Feinden. Dennoch sind sie im Sommer willkommene Beute für Wiesel, Füchse, Schlangen, Bussarde, Eulen und Hauskatzen.

➤ 1. Erdmäuse gehören zu den Wühlmäusen. Wühlmäuse (unten) sehen ähnlich aus wie Mäuse (oben), ihr Schwanz ist jedoch kürzer und ihre Ohren sind kleiner. Während der Allesfresser Maus von Insekten bis zu Samen alles Mögliche mag, ernähren sich Wühlmäuse meist von den Stängeln, Blättern und Wurzeln der Gräser und anderer Pflanzen.

▼ 3. Wiesel und Schlangen sind so schlank, dass sie in die Pfade eindringen können. Füchse gehen die Wiese ab und springen die Wühlmäuse an, sowie sich ein Tierchen zeigt. Eulen warten auf einem Ansitz und schlagen beim kleinsten Geräusch zu. Diese Schleiereule bringt ihrer hungrigen Familie eine Erdmaus.

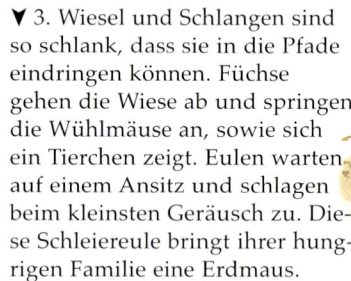

▲ 4. Erdmäuse bekommen im Frühjahr das erste Mal Junge. Unter einem Ast am Boden oder in einem Blätterhaufen webt das Weibchen ein becherförmiges Nest aus Gras, in dem fünf oder sechs Junge Platz haben. Es zieht den Nachwuchs ohne das Männchen groß.

▲ 2. Fast jede Wiese ist vom Wegenetz der Erdmäuse durchzogen. Im Winter, wenn das Gras kurz ist, kann man es gut sehen. Im Frühling wächst das Gras und im Sommer sind die Pfade unsichtbar geworden, sodass die Erdmäuse dort vor den meisten Raubtieren sicher sind.

➤ 5. Die Jungen wachsen schnell und verlassen das Nest nach zwei oder drei Wochen. Die Weibchen sind schon mit vier Wochen geschlechtsreif und haben im Jahr fünf- oder sechsmal Junge. Die vielen Feinde sorgen aber dafür, dass die Erdmäuse trotzdem nicht überhand nehmen.

Der Star

Der Star hat sich in Deutschland und ganz Europa gut an den Menschen und die Landwirtschaft angepasst. Auf den Feldern findet er reichlich Nahrung. Sein Nest legt er in Baum- und Felshöhlen an, gerne auch in Mauerlöchern und Starenkästen. Im Winter sammeln sich die Stare zu Hunderttausenden, picken auf den umgepflügten Feldern nach Insekten und suchen sich abends in den Parkanlagen der Städte ein Schlafplätzchen auf einem Baum. Der prächtig schillernde Star gibt vom Pfeifen bis zum Kreischen sehr unterschiedliche Laute von sich und ahmt wie die Dohle auch andere Vogelstimmen und sogar menschliche Laute nach. Früher wurde er deswegen oft im Käfig gehalten. Im Schwarm können Stare Schäden anrichten – zum Beispiel, wenn sie Obstplantagen oder Weinberge heimsuchen. Ihr ätzender Kot zerstört Bäume und frisst sich in Gebäude ein. In kleinen Gruppen sind Stare dagegen nützlich: Diese drei im weiß gefleckten Winterkleid suchen auf einem zugeschneiten Getreidefeld nach Schädlingen.

▲ 1. Von weitem sehen Stare einfach nur schwarz aus. Doch aus der Nähe schimmert ihr Gefieder glänzend grün und purpurrot und hat braune Streifen und hellblaue Punkte. Die weißen Flecken des Wintergefieders (links) verschwinden im späten Frühjahr; im Sommer und Herbst sind die Stare dunkler.

➤ 2. Vom Spätherbst bis zum Frühjahr suchen die Stare in gewaltigen, lärmenden Schwärmen auf den Feldern Insekten, Larven und Würmer. Bei Dämmerung sammeln sie sich erst in kleinen, dann in großen Schwärmen, die den Himmel verdunkeln.

▲ 3. Wenn ein Falke in Sicht kommt, helfen sich die Stare gegenseitig. Hoch am Himmel formieren sie sich im Flug zu einer Art Würfel. Dann stoßen sie auf den Feind hinab und verjagen ihn. Die Jungvögel lernen schnell, dass sie im Schwarm sicher sind.

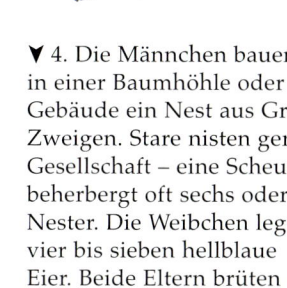

▼ 4. Die Männchen bauen meist in einer Baumhöhle oder einem Gebäude ein Nest aus Gras und Zweigen. Stare nisten gern in Gesellschaft – eine Scheune beherbergt oft sechs oder sieben Nester. Die Weibchen legen vier bis sieben hellblaue Eier. Beide Eltern brüten insgesamt zwei Wochen lang.

◀ 5. Stare sind fürsorgliche Eltern. Die Küken bekommen Insekten und Würmer, wachsen schnell und verlassen nach drei Wochen das Nest. Ein paar Tage lang betteln sie ihre Eltern noch um Futter an. Auf Ausflügen mit den Eltern lernen sie dann schnell, sich selbst Nahrung zu suchen.

Das Hermelin

Das Hermelin gehört wie der Dachs zu den Mardern, ist also ein Raubtier. Der flinke und wendige Einzelgänger ist sehr scheu. Wenn man doch mal ein Hermelin zu Gesicht bekommt, hat es das bestimmt schon bemerkt und ist auf dem Rückzug. Die Jungen werden bei der Mutter groß. Sie spielen ausgelassen miteinander und toben gern herum. Zwischendurch bleiben sie immer wieder kurz stehen, schnuppern und horchen. Beim geringsten Anzeichen von Gefahr fliehen sie. Das Hermelin ist zwar klein, hat aber spitze Zähne und Klauen. Es ist stark und greift Tiere an, die mehr als doppelt so groß sind wie es selbst. Hauptbeute sind Wildkaninchen, Hasen, Mäuse und andere kleine Säugetiere sowie Vögel und Fische. Hermeline töten häufig mehr Tiere, als sie fressen können, und legen sich dann mit den restlichen Tieren Vorratslager für schlechte Zeiten an.

▼ 1. Der Rücken des Hermelins ist rotbraun, die Unterseite weiß und die Schwanzspitze schwarz. Im Norden wird das Hermelin im Winter bis auf die schwarze Schwanzspitze ganz weiß, sodass es im Schnee gut getarnt ist. Wegen seines weißen Fells wurde es früher stark bejagt.

➤ 3. Das Hermelin schleicht sich lautlos an seine Beute an. Dann zeigt es sich plötzlich und geht mit seltsam schaukelnder Bewegung auf sein Gegenüber zu. Dieses Tier wird davon offenbar so fasziniert, dass es nicht flieht. Das Hermelin tötet es mit einem Biss in den Nacken. Nach der Mahlzeit hält es an einem ruhigen Plätzchen einen Verdauungsschlaf.

▼ 2. Mit seinem schlanken Körper und den kurzen Beinen schleicht das Hermelin durchs Gestrüpp. Es springt über Steine und reckt ab und zu den Kopf aus dem Gras. Es kann gut schwimmen und klettern. Als Nachtjäger verlässt es sich eher auf Gerüche und Geräusche als auf seine Augen.

▼ 5. Die Jungen mehrerer Familien gehen manchmal gemeinsam auf Jagd. Die lebhaften und verspielten Tiere ringen und boxen gern miteinander. Dabei fallen sie manchmal Greifvögeln zum Opfer. Im ersten Winter verhungern auch viele Jungtiere. Die anderen sind im nächsten Sommer paarungsbereit.

▲ 4. Hermeline paaren sich im Sommer. Die trächtigen Weibchen bauen sich im Mai des darauf folgenden Jahres in Baumhöhlen, Erdlöchern oder Dachböden ein Nest aus Gras, polstern es aus und bringen vier bis sieben Junge zur Welt. Mit einem Monat sind die Jungen entwöhnt, bleiben aber bis zum Winter bei der Mutter.

Die Feldlerche

Viele kleine Vögel schmettern ihr Lied von Bäumen und Gebäuden. Es bedeutet: »Hier bin ich und das ist mein Revier. Ihr anderen bleibt weg.« Nur wenige Vögel singen wie das Feldlerchenmännchen im Flug. Feldlerchen leben in offenem Gelände, wo weder Bäume noch Häuser stehen. In der Balzzeit (Paarungszeit) grenzen die Männchen mit dem Gesang ihr Revier gegen andere Männchen ab und suchen eine Partnerin. Und weil es keinen Ansitz gibt, singen sie eben im Flug. Für menschliche Ohren klingt der Gesang der Feldlerche eher zwitschernd als melodiös. Wenn man eine Aufnahme ihres Gesangs aber mit langsamerem Tempo abspielt, hört man auf einmal die schönsten Melodien. Die Feldlerche singt also einfach zu schnell für uns. Im Herbst ziehen die Feldlerchen Mittel- und Südeuropas nach Süden, während aus dem Norden andere Lerchen nachkommen. Auch sie hört man im Herbst und Frühjahr singen.

◄ 2. Feldlerchen haben ein besonderes Flugmuster: Sie fliegen fast senkrecht nach oben, singen fünf oder zehn Minuten rüttelnd ihr Lied und lassen sich dann mit angelegten Flügeln zu Boden fallen. Erst kurz vor der Landung stoppen sie den Sturzflug ab.

▲ 1. Das Gefieder der Feldlerche ist unauffällig braun und dunkel gestrichelt und fügt sich farblich gut in die Wiesen und Felder ein. Die kleine Haube auf dem Kopf ist sichtbar, wenn der Vogel singt, und liegt am Kopf an, wenn er Nahrung sucht.

➤ 3. Die Heidelerche ist mit der Feldlerche eng verwandt. Sie ist etwas kleiner und heller, das weiße Kinn und die Augenstreifen sind ausgeprägter. Sie nistet in der Heide und am Waldrand. Wie die Feldlerche singt sie hoch in der Luft, braucht aber in ihrem Lebensraum auch Bäume und Sträucher.

➤ 4. Das Nest der Feldlerche ist im hohen Gras gut versteckt. Während das Männchen singt, webt das Weibchen ein Nest aus Gras, polstert es mit Haaren und Wolle aus und legt drei oder vier braun gefleckte Eier hinein. In zwölf Tagen hat sie sie ausgebrütet.

◄ 5. Die Küken schlüpfen nackt und blind aus dem Ei. Sie bekommen Raupen, Käfer, Spinnen und Würmer zu fressen, später auch Samen und Getreide. Schon nach einer Woche verlassen sie das Nest. Nach zwei oder drei Wochen fliegen sie davon. In einem warmen, trockenen Sommer brütet ein Paar zwei- oder dreimal.

Der Feldhamster

Es gibt weltweit über ein Dutzend verschiedener Hamsterarten. Der Goldhamster, den wir als Haustier kennen, lebt in Südeuropa und Asien in freier Wildbahn. In Mitteleuropa ist von Belgien bis nach Westrussland der Feldhamster zu Hause. Die meerschweinchengroßen bräunlichen Tiere leben in Wiesen, an Flussufern und auf Feldern. Man bekommt sie nur selten zu Gesicht. Am Tag schlafen sie in ihren Erdhöhlen. Nachts kommen sie zur Nahrungssuche heraus. Im Winter halten sie Winterschlaf und fressen zwischendurch die

Vorräte, die sie im Sommer und Herbst angelegt haben. Manchmal teilen sich zwei Hamster eine Höhle. Doch abgesehen von der Paarungszeit gehen sie einander meist aus dem Weg. Wenn sich zwei treffen, streiten und kämpfen sie gern. Wenn sie ihr Revier vergrößern oder einen neuen Lebensraum beziehen wollen, schwimmen die Hamster sogar durch Bäche, doch lieber bleiben sie an Land. Ihre Hauptfeinde sind die nachtaktiven Eulen, Füchse und Hermeline.

◀ 1. Die Goldhamster, die wir als Haustiere halten, sind klein, stämmig und goldbraun. Feldhamster sind größer und dunkler. Sie haben weiße Flecken im Gesicht und oberhalb der Vorderbeine. Beide Arten ernähren sich fast ausschließlich von Samen und Pflanzenmaterial, das ihnen auch genug Flüssigkeit liefert.

▶ 2. Hamster sind wie Mäuse, Ratten und Eichhörnchen Nagetiere. Die langen Nagezähne wachsen ein Leben lang. In den geräumigen Backentaschen tragen sie Getreide und andere Nahrung als Vorrat für den langen, kalten Winter in ihren Bau.

▲ 4. In den kältesten Monaten des Jahres rollt sich der Hamster in seiner Schlafhöhle ein und hält Winterschlaf. Dabei sinkt die Körpertemperatur stark ab. Alle drei bis vier Wochen wacht er auf, wärmt sich, indem er am ganzen Körper zittert, frisst von seinen Vorräten und schläft dann wieder ein. Im Frühjahr weckt ihn das warme Wetter.

▲ 3. Der Bau des Hamsters besteht aus unterirdischen Gängen und Kammern. Er hat oft mehrere Eingänge. In den Vorratskammern sammelt der Hamster in einem guten Sommer bis zu 60 Kilo Samen, Nüsse und andere Nahrung für den Winter.

▶ 5. Hamster paaren sich im Frühjahr. Die Weibchen vertreiben die Männchen und kümmern sich allein um den Nachwuchs. Sie bringen vier bis zehn blinde, nackte Jungtiere zur Welt. Die Jungen saugen einen Monat lang Milch und verlassen dann das Nest.

Der Turmfalke

Der kleine Turmfalke zählt zu den am weitesten verbreiteten Vogelarten der Erde. Das gestreifte und gepunktete Gefieder sieht in Skandinavien oder Deutschland genauso aus wie in Nordafrika. Eng verwandte Arten leben in Ostasien und Nordamerika. Die kleinen stämmigen Vögel mit den schlanken Flügeln und dem langen fächerförmigen Schwanz sind hervorragende Flieger und Jäger. Sie erbeuten Kleinsäuger und Insekten, die sie im Flug erspähen. Doch die wendigen Turmfalken fressen fast alles. Sie greifen Tauben und kleinere Vögel in der Luft an und klauben bei Nässe Regenwürmer von der Erde. Sie stibitzen Eier aus den Nestern und stehlen anderen Vögeln ihre Beute, zum Beispiel den Möwen die Fische und den Eulen die Mäuse. Am Straßenrand fressen sie überfahrene Hasen und Igel.

➤ 1. Mit den riesigen nach vorne gerichteten Augen sieht der Turmfalke viel besser als der Mensch. Er jagt am Tag und erspäht eine Maus aus einer Entfernung von über 100 Metern.

▼ 2. Der Turmfalke sitzt auf einem Baum oder Strommast oder steht rüttelnd in der Luft, während er den Boden sorgfältig absucht. Wenn er ein Beutetier oder auch nur die kleinste Bewegung im Gras bemerkt, stößt er hinab und tötet die Beute sofort.

▼ 4. Turmfalken bauen selten eigene Nester. Lieber beziehen sie verlassene Krähennester oder nisten in leeren Gebäuden. Das Weibchen legt vier bis sechs weiße, braun gefleckte Eier. Es brütet vier Wochen lang; in dieser Zeit wird es vom Männchen mit Futter versorgt.

▲ 3. Der kleine Turmfalke erbeutet Tiere, die fast so groß sind wie er. Er packt sie mit seinen Fängen und tötet sie mit dem »Falkenzahn«, dem scharfen, nach unten gebogenen Schnabel. Dank seiner kräftigen Flügel kann der Falke eine Ratte oder einen Star in sein Nest tragen.

◀ 5. Beide Eltern bringen Mäuse, Vögel und andere Tiere, zerkleinern sie und verteilen sie an die Küken. Die Jungtiere mit ihren schmutzig weißen Daunen sitzen inmitten der Knochen, Felle und Federn der Beute und wachsen schnell. Nach vier bis fünf Wochen verlassen sie das Nest und jagen selbst.

Die Elster

Das Schwarz dieses scheinbar schwarz-wei-ßen Vogels verwandelt sich aus der Nähe betrachtet in schimmerndes Blau und Grün. Elstern sind über ganz Europa, Nordafrika, Zentralasien und die USA verbreitet. Meist leben sie paarweise, doch besonders im Winter sammeln sich Hunderte von Elstern rund um einen Futterplatz. Sie mögen fast alles: von Käfern und Würmern bis hin zu kleinen oder jungen Säugetieren. Einige Bauern schätzen sie, weil sie Schädlinge, junge Ratten und Kaninchen fressen. Andere verfolgen sie, weil sie Lämmer, Entenküken und andere Jungtiere angreifen. Elstern räubern gern Nester aus. Die Elster rechts hat ein Nest gefunden, die Vogeleltern verjagt und stiehlt nun ein Ei nach dem anderen. Trotzdem gefährden Elstern nicht die Singvogelbestände; sie dämmen nur die Überbevölkerung ein.

▼ 1. Im Winter und Frühjahr sitzen die Elstern in größeren Schwärmen auf den Bäumen und suchen auf den Wiesen und Feldern nach Nahrung. Sie folgen pflügenden Bauern und picken die Larven und Würmer aus der umbrochenen Erde.

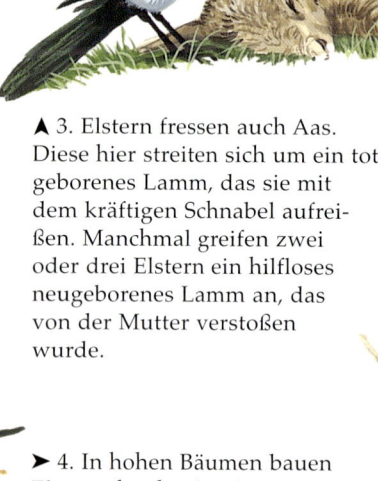

▲ 3. Elstern fressen auch Aas. Diese hier streiten sich um ein tot geborenes Lamm, das sie mit dem kräftigen Schnabel aufrei-ßen. Manchmal greifen zwei oder drei Elstern ein hilfloses neugeborenes Lamm an, das von der Mutter verstoßen wurde.

▶ 4. In hohen Bäumen bauen Elstern ihre haubenförmig über-dachten Nester aus Zweigen, Wurzeln und Schlamm. Das Weibchen legt fünf bis sieben hellgrüne, braun gesprenkelte Eier, die es drei Wochen bebrütet. Das Männchen verteidigt das Nest gegen andere Vögel. Es greift manchmal sogar Menschen an, die in die Nähe kommen.

▼ 2. Im Frühling treffen sich manchmal mehr als hundert Elstern in großen »Versammlun-gen«, flattern und hüpfen umher und unterhalten sich aufgeregt miteinander.

▲ 5. Die Küken sind beim Schlüpfen blind und hilflos. Sie werden etwa vier Wochen lang von den Eltern gefüttert, bis sie zu groß für das Nest sind. Bald darauf können sie sich selbst ernähren.

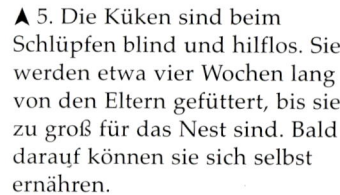

Der Feldhase

Hasen und Kaninchen sind eng miteinander verwandt, doch es gibt auch einige Unterschiede. Beide leben auf den offenen Wiesen und Feldern und fressen die Pflanzen ihrer Umgebung. Die Kaninchen halten sich lieber auf Viehweiden und in Gemüsefeldern auf, Hasen auf Wiesen und Getreidefeldern. Kaninchen sind kleiner, haben kurze Beine und leben in unterirdischen Bauen. Hasen haben lange Beine und Ohren. Sie graben sich nie zum Schutz ein, sondern bleiben immer über der Erde. Wie die Kaninchen sehen und hören sie sehr gut und reagieren bei Gefahr blitzschnell. Kaninchen fliehen vor einem Greifvogel oder einer Eule in die nächste Erdhöhle; Hasen rennen im Zickzacklauf auf und davon. Beide pflanzen sich schnell fort. Doch weil es immer weniger Hecken gibt, die dem Hasen Schutz bieten, ist der Feldhase mittlerweile vom Aussterben bedroht.

▼ 1. Hasen und Kaninchen sind Verwandte, unterscheiden sich aber im Körperbau. Die Ohren des Hasen sind länger und oben schwarz, Fell und Schnurrhaare sind dichter. Mit seinen langen Beinen ist er eines der schnellsten Tiere der Erde.

◄ 3. Der Hase setzt sich auf die Hinterbeine, wenn er in die Umgebung späht. Dabei dreht er ständig die Ohren, um Geräusche zu orten. Hunde, Greifvögel, Hermeline und Iltisse sind seine Hauptfeinde. Der Hase kann plötzlich in hohem Tempo losrennen. Dabei schlägt er Haken (Zickzacklauf) und macht Luftsprünge, um seine Verfolger abzuschütteln.

▼ 4. Hasen sind Einzelgänger und finden sich nur zur Paarung – von Januar bis Oktober – zusammen. Im Frühling werden die Männchen sehr aggressiv und liefern sich mit anderen Männchen, die in ihr Revier eindringen, abenteuerliche Kickboxkämpfe.

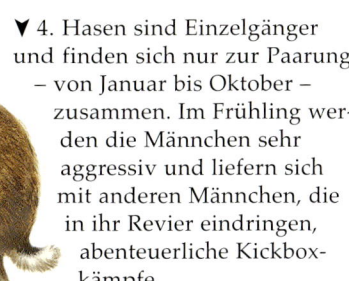

▼ 2. Hasen wie Kaninchen haben die für Nagetiere typische gespaltene Oberlippe. Dahinter sieht man die langen Nagezähne, die ein Leben lang wachsen. Mit den Backenzähnen zermahlen die Tiere die Nahrung. Hasen fressen fast nur Gräser und Kräuter, ganz selten auch Körner und Früchte.

▲ 5. Die Weibchen bringen zwei bis vier Junge zur Welt. Die Häschen, die mit Fell und offenen Augen geboren werden, suchen sich schon nach wenigen Stunden ihren eigenen Unterschlupf. Die Häsin besucht sie einmal täglich zum Säugen. Nach drei bis vier Wochen sind sie selbständig.

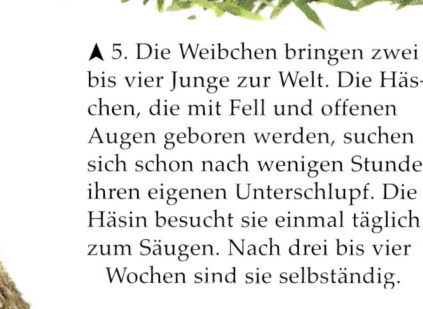

Der Kuckuck

Einen Kuckuck bekommt man nicht oft zu Gesicht, obgleich er im Sommer in Europa und Westasien recht verbreitet ist. Die Kuckucksweibchen halten sich unter Büschen und im Blattwerk der Bäume versteckt. Die Männchen schmettern in der Paarungszeit im Mai und Juni durchdringend und ausdauernd meist von einer Baumkrone aus den Kuckucksruf. Damit grenzen sie ihr Revier gegen andere Männchen ab. Das

Kuckucksweibchen baut kein eigenes Nest, sondern legt seine Eier in die Nester anderer Vögel, die gerade Eier gelegt haben. Wenn die Vogeleltern den Betrug nicht bemerken, wirft der frisch geschlüpfte kleine Kuckuck die anderen Eier aus dem Nest und wird von den »Stiefeltern« aufgezogen. Ende Juli oder Anfang August fliegen die Kuckucke schon wieder gen Süden nach Afrika und kehren erst im darauf folgenden Frühling zurück.

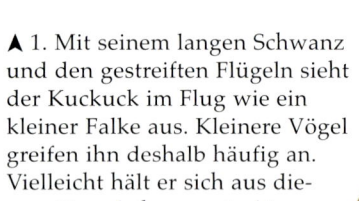

▲ 1. Mit seinem langen Schwanz und den gestreiften Flügeln sieht der Kuckuck im Flug wie ein kleiner Falke aus. Kleinere Vögel greifen ihn deshalb häufig an. Vielleicht hält er sich aus diesem Grund eher versteckt.

➤ 2. In diesem Heckenbraunellen-Nest liegen drei kleine blaue Eier, die das Weibchen gelegt hat. Das größere rosafarbene Ei hat das Kuckucksweibchen dazugelegt; dafür hat es eins der Braunelleneier aufgefressen.

➤ 3. Die Heckenbraunelle bemerkt nicht, dass ein fremdes Ei im Nest liegt, und brütet weiter. Als Erstes schlüpft der junge Kuckuck. Er stößt ein Ei nach dem anderen aus dem Nest. Die Braunellen ziehen das Kuckucksküken auf, als wäre es ihr eigenes.

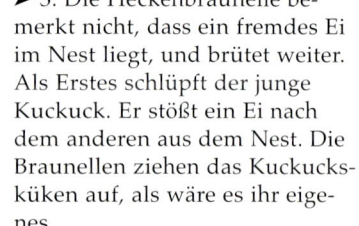

▼ 4. Die Heckenbraunellen füttern ihr Stiefkind mit Würmern und Insekten. Das Küken wächst sehr schnell. Es ist unersättlich und füllt bald das ganze Nest aus.

▲ 5. Kuckucke sind viel größer als Heckenbraunellen. Das Küken überragt bald seine Stiefeltern. Nach drei Wochen wiegt es so viel wie beide Eltern zusammen. Zum Füttern setzen sich die Heckenbraunellen nun auf seinen Rücken.

Die Zwergfledermaus

Die Zwergfledermaus ist unsere häufigste Fledermausart. Sie hat einen mausähnlichen Kopf und Körper, große Ohren und Flügel, die an hauchdünne Regenschirme erinnern. Sie ist auch die kleinste Art – die Spannweite ihrer Flügel beträgt ungefähr 20 cm, von Kopf bis Schwanz misst sie nur 3–5 cm.

Abends, kurz vor Sonnenuntergang, kommt die Zwergfledermaus aus ihrem Versteck und fliegt los, um Insekten zu fangen. Diese hier hat einen Käfer entdeckt. Die nadelspitzen Zähnchen werden ihn gleich umschließen. Um diese Tageszeit jagen die Fledermäuse nach Sicht. Später verlassen sie sich auf die Echopeilung: Sie stoßen sehr hohe Schreie aus. Aus dem Echo leiten sie ab, wo sich Hindernisse oder fliegende Beutetiere befinden. Die wenigsten Fledermäuse saugen Blut; nur unter den tropischen Arten gibt es ein paar Blutsauger. Die europäischen Fledermäuse sind für den Menschen völlig harmlos.

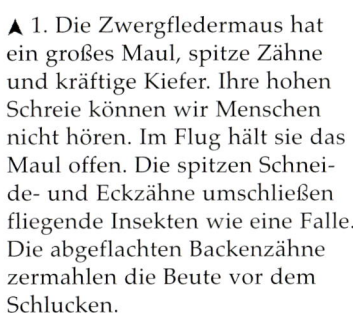

▲ 1. Die Zwergfledermaus hat ein großes Maul, spitze Zähne und kräftige Kiefer. Ihre hohen Schreie können wir Menschen nicht hören. Im Flug hält sie das Maul offen. Die spitzen Schneide- und Eckzähne umschließen fliegende Insekten wie eine Falle. Die abgeflachten Backenzähne zermahlen die Beute vor dem Schlucken.

➤ 3. Der Flug der Fledermäuse wirkt zackig und ziellos, doch die Tiere fliegen in Wirklichkeit so genau, dass sie auch kleinste Insekten in schneller Folge aus der Luft fangen. Auch beim Trinken ist eine gute Flugtechnik gefragt: Die Fledermäuse flattern knapp über dem Wasser und schöpfen es mit dem Unterkiefer heraus.

▼ 4. Die Flügel bestehen aus dünner Haut zwischen den Armknochen und den Fingern der Hand; der Daumen bleibt frei. Eine gesonderte Haut überzieht die Beine und den knochigen Schwanz; hier bleiben nur die Krallen der Füße frei.

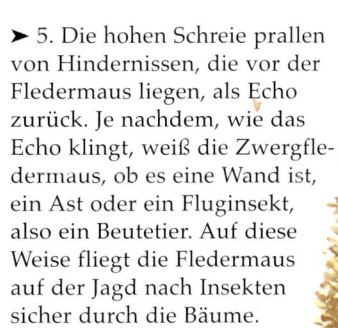

▲ 2. Am Tag schlafen die Fledermäuse. In großen Gruppen hängen sie mit dem Kopf nach unten, die Flügel eng um den Körper geschlossen. Die Schlafplätze befinden sich oft in Höhlen, Kirchen, Scheunen, aber auch in neueren Gebäuden. Wenn man solch einen Schlafplatz findet, soll man die Tiere nicht stören.

➤ 5. Die hohen Schreie prallen von Hindernissen, die vor der Fledermaus liegen, als Echo zurück. Je nachdem, wie das Echo klingt, weiß die Zwergfledermaus, ob es eine Wand ist, ein Ast oder ein Fluginsekt, also ein Beutetier. Auf diese Weise fliegt die Fledermaus auf der Jagd nach Insekten sicher durch die Bäume.

Namen und Merkmale

Tier	Lateinischer Name	Größe*	Vorkommen in Europa
Dachs	*Meles meles*	60–90 cm**	Weit verbreitet (bis auf Irland)
Dohle	*Corvus monedula*	30–33 cm	Ganz Europa (bis auf Arktis)
Erdmaus	*Microtus agrestis*	9–13 cm***	Weit verbreitet
Star	*Sturnus vulgaris*	22 cm	Weit verbreitet
Hermelin	*Mustela erminea*	17–33 cm****	Weit verbreitet
Feldlerche	*Alauda arvensis*	18 cm	Ganz Europa
Feldhamster	*Cricetus cricetus*	20–30 cm*****	Gemäßigte europäische Gebiete (außer Großbritannien)
Turmfalke	*Falco tinnunculus*	34 cm	Ganz Europa
Elster	*Pica pica*	46 cm	Ganz Europa
Feldhase	*Lepus europaeus*	40–70 cm****	Mittel- und Südeuropa
Kuckuck	*Cuculus canorus*	33 cm	Ganz Europa
Zwergfledermaus	*Pipistrellus pipistrellus*	3–5 cm	Mittel- und Südeuropa

* Bei Vögeln vom Schnabel bis zum Schwanz, bei Säugetieren Kopf-Rumpf-Länge

** Schwanz 15–20 cm

*** Schwanz 3–4 cm

**** Schwanz 7–12 cm

***** Schwanz 3–5 cm